TRABAJADORES DE NUESTRA COMUNIDAD

CAMIONEROS

CHRISTINE HONDERS

TRADUCIDO POR ROSSANA ZÚÑIGA

PowerKiDS press
New York

Published in 2020 by The Rosen Publishing Group, Inc.
29 East 21st Street, New York, NY 10010

First Edition

Translator: Rossana Zúñiga
Spanish Editor: Alberto Jiménez
Editor: Greg Roza
Book Design: Reann Nye

Photo Credits: Cover, p.1 Ariel Skelley/DigitalVision/Getty Images; pp. 4–22 Abstractor/Shutterstock.com; p. 5 Vitpho/Shutterstock.com; p. 7 rCarner/Shutterstock.com; p. 9 Natalia Bratslavsky/Shutterstock.com; p. 11 gk-6mt/iStock/Getty Images Plus/Getty Images; p. 13 Everett Media/Shutterstock.com; p. 15 Mindscape studio/Shutterstock.com; pp. 17, 19 kali9/E+/Getty Imgaes; p. 21 IM_photo/Shutterstock.com; p. 22 Colorblind Images LLC/DigitalVision/Getty Images.

Library of Congress Cataloging-in-Publication Data

Names: Honders, Christine, author.
Title: Camioneros / Christine Honders.
Description: New York : PowerKids Press, 2020. | Series: Trabajadores de nuestra comunidad | Includes index.
Identifiers: LCCN 2019016084| ISBN 9781725312852 (pbk.) | ISBN 9781725312876 (library bound) | ISBN 9781725312869 (6 pack)
Subjects: LCSH: Truck drivers–Juvenile literature. | Trucking–Juvenile literature.
Classification: LCC HD8039.M795 H66 2020 | DDC 388.3/24023–dc23
LC record available at https://lccn.loc.gov/2019016084

Manufactured in the United States of America

CPSIA Compliance Information: Batch #CWPK20. For Further Information contact Rosen Publishing, New York, New York at 1-800-237-9932.

CONTENIDO

Un mundo sin camiones

Todos hemos visto camiones en las carreteras, pero ¿qué pasaría si alguna vez dejáramos de verlos? Los supermercados se quedarían sin existencias al cabo de tres días, las botellas de agua se agotarían en dos semanas, ¡los cajeros automáticos solo darían servicio durante dos días! Por eso necesitamos conductores de camiones.

Qué hacen los camioneros

Las fábricas producen cosas que usamos a diario. Los agricultores cultivan plantas y los ganaderos crían animales para millones de personas. Los camioneros **transportan** estos productos por todo el país. Conducen miles de millas para llevarlos a las tiendas y que la gente pueda comprarlos cuando los necesite.

Camiones articulados

Muchos camioneros manejan camiones articulados, vehículos grandes que constan de dos partes enganchadas. La parte delantera es la cabeza tractora y la trasera es el remolque o tráiler, una enorme caja con ruedas que puede transportar muchas cosas diferentes, ¡incluidos autos y juguetes!

Conducir 18 ruedas

Conducir un camión grande no es lo mismo que manejar un auto. Los camiones articulados tienen 18 ruedas y pueden pesar ¡hasta 35,000 libras (15,876 kg)! Es más difícil controlarlos: los camioneros deben recibir una formación especial; aprenden a conducir con **carga** y a llevar el camión de forma segura entre los demás **vehículos**.

STUDENT
DRIVER

Camiones plataforma

No todo cabe en un camión articulado. Los camiones plataforma transportan artículos grandes y de formas irregulares. Llevan madera, metal y maquinaria pesada a las obras en **construcción** o arados a los agricultores. ¡En su plataforma se cargan incluso tanques enormes y piezas de avión!

OVERSIZE LOAD

Camiones cisterna

Los camiones cisterna transportan **líquidos**. Algunos, como la leche o el agua, son inofensivos. Otros, como el petróleo, el gas o los **productos químicos**, son **peligrosos** porque pueden provocar incendios. Si algo le sucede a un camión cisterna, el conductor y otros usuarios de la carretera pueden resultar heridos.

Frigoríficos rodantes

Algunos conductores manejan camiones frigoríficos pensados para alimentos como carnes y helados, que necesitan refrigeración; ciertos medicamentos también deben conservarse en frío. Los camiones frigoríficos transportan estas medicinas a los hospitales. ¡Sus conductores ayudan a salvar vidas!

Trabajar sobre ruedas

Los camioneros trabajan unas once horas diarias, incluso en fines de semana y días festivos. Manejan toda la noche para que dispongamos a tiempo de nuestros productos. ¡Algunos llevan una cama en el interior del camión! Así, si les entra sueño, pueden echar una siesta.

Trabajo solitario

El trabajo de los camioneros es muy solitario. Algunos permanecen en las carreteras durante semanas. Pasan horas manejando, sin nadie con quien conversar. A veces, renuncian a pasar tiempo con los suyos para llevar a nuestras familias lo que necesitan.

¡Necesitamos a los camioneros!

Los camioneros llevan alimentos a las tiendas, materiales de construcción a casas y carreteras, combustible para nuestros autos y medicinas para curarnos. ¡Algunos incluso transportan animales! Trabajan mucho para que nuestras comunidades ¡sigan creciendo!

GLOSARIO

carga: mercancías transportadas por avión, tren o camión.

construcción: obra edificada, como una casa, un puente.

líquido: algo que fluye libremente, como el agua.

peligroso: arriesgado o poco seguro.

producto químico: sustancia que se puede mezclar con otras.

transportar: llevar de un lugar a otro.

vehículo: máquina para transportar personas o mercancías.

ÍNDICE

SITIOS DE INTERNET

Debido a que los enlaces de Internet cambian constantemente, PowerKids Press ha creado una lista de sitios de Internet relacionados con el tema de este libro. Este sitio se actualiza con regularidad. Por favor, utiliza este enlace para acceder a la lista:
www.powerkidslinks.com/HIOC/truckdrivers